仕女畫之美

中華民國七十七年四月

國立故宮博物院

仕女畫之美特展圖錄　目次

仕女畫之美

以婦女形象為描繪主題的人物畫，其緣起與發展，堪稱源遠流長。早在戰國時代的長沙楚墓，即可得見線描流暢的「夔鳳仕女圖」帛畫；而劉向〈說苑〉裡，也有齊國敬君於離家期間，單憑記憶，繪就妻子容貌的記載；爾後，〈漢書〉中毛延壽為王昭君寫像的曲折經歷，更蔚為千載以來最膾炙人口的哀怨故實。凡此，俱足以說明從三代迄漢，畫家描寫女性，已由單純的造形布色，逐漸趨向於追求形神兼備。

然而，為後人所習稱的「仕女畫」這一名詞，則要晚到唐朝末年，朱景玄撰〈唐朝名畫錄〉時，始正式地提出。在此之前，南齊謝赫的〈古畫品錄〉、陳姚最的〈續畫品〉，以及唐張彥遠的〈歷代名畫記〉裡，雖累見「婦人」「綺羅」「嬪嬙」等寓意相仿的詞彙，但若查核上列諸書所收錄的畫名，卻多為后妃及官宦女子。可知早期畫家筆下的女性，並非純供欣賞之用，如何借助人物的外表形式，來襯托出內在的品德與節操，才是創作的真正重心。

晚唐，以寫仕女畫而蔚成時代典型者，當推張萱、周昉二人。院藏周昉「內人雙陸圖」，描繪內廷婦女以「雙陸」為戲的情景，非惟體態圓潤，烘染精妍，命意更脫離了鑒戒世道人心的嚴正主旨，至此，仕女畫方邁入純美欣賞的範疇。誠如宋代郭若虛在〈圖畫見聞志〉中所言：「士女宜富秀色婑媠之態」，婑媠即是指女子美好的容貌，故而〈宣和畫譜〉又把仕女稱作「美女」。一時名家，如王詵、李公麟、李嵩、牟益、劉松年等人，莫不於其仕女畫作中，傾盡閨閣女子貞靜優雅的風姿。縱使他們的表現方式各個不同，或鉤勒填彩，或水墨白描，卻都在工緻之際，未失淡雅與清麗，可謂完全契合國人品賞女性美的一貫傳統。

元明以降，仕女畫一方面承繼唐宋的線描技法，另外則又注入了文學素養，致令取材方向逐日拓展，風格也益趨多樣化。就中佼佼者，譬諸元人「招涼仕女」之寫貴妃浴罷，款步回眸，風情萬千；唐寅「班姬團扇」則繪婕妤執扇獨立秋庭，一派幽怨詩思；至若仇英的「漢宮春曉」，更於珠圍翠繞的美女羣像間，結合毛延壽為嬪妃寫照的歷史故實，不啻為作品增添了引人入勝的興味。

明季，陳洪綬以其高古駭俗的造型能力，塑造出誇張、變形的嶄新面貌，又將仕女畫帶入一主觀表現的領域。試觀「縹香」一作，畫的雖是乃妾胡淨鬘，但那如水般縈迴曲屈的衣紋，以及女子瘦削的雙肩、過度狹長的身形，無一不是源自作者的遺貌取神戛戛獨造。論其影響，實已偃及有清一代。如禹之鼎、焦秉貞、冷枚、金廷標等人，除了援引前述削肩、柳腰、櫻口的審美趣味，復適度地採擷西洋畫法，於明暗向背，及遠近比例，每多創革；彼等對清末民初國畫革新派的內省與外探，亦不乏啓廸之功！

綜上所述，仕女畫演衍二千餘載，無論在表彰女德、藉資鑒戒，亦或體現窈窕端麗的容顏，乃至於發揮筆墨丹青的變貌諸端，透過歷代名家腕底，率皆各擅勝場，并蔚成風貌。

本次舉辦「仕女畫之美」特展，雖未盡出院藏之仕女佳作，實則已涵蓋了東晉、唐、五代、宋、元、明、清等不同階段中極具代表意義的精品，加以有精心攝製之大型透明片配合陳列，相信觀衆於欣賞之餘，必可對此一人物畫之特殊題材，萌生最深刻的愛好與共鳴！

彩色圖版

一 晉 顧愷之 洛神圖 局部

二之一　唐人　宮樂圖

二之三　唐人　宮樂圖　局部

二之二　唐人　宮樂圖　局部

二之五　唐人　宮樂圖　局部

二之四　唐人　宮樂圖　局部

三　唐　周昉　內人雙陸　局部

四　五代南唐　周文矩　仕女圖

五　五代人　浣月圖　局部

六 宋 王詵 繡櫳曉鏡

七　宋　李公麟　畫麗人行　局部

宋　宋高宗書女孝經馬和之補圖　第八章

九之一　宋　牟益　擣衣圖　局部

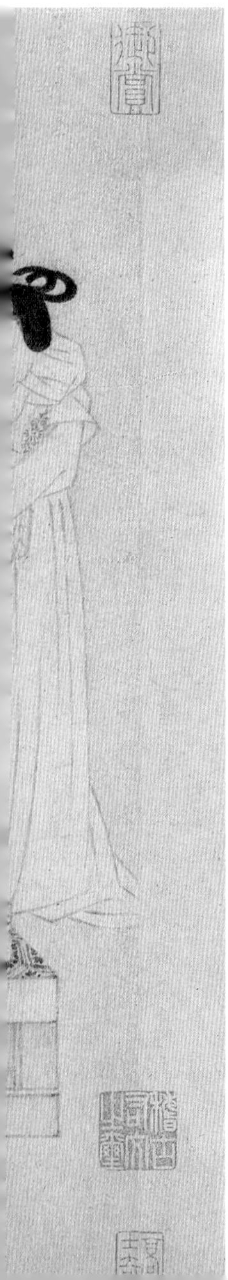

九之二　宋　牟益　擣衣圖　局部

九之三　宋　牟益　擣衣圖　局部

十之一　宋　李嵩　聽阮圖

之二 宋 李嵩 聽阮圖 局部

十之三 宋 李嵩 聽阮圖 局部

十之四　宋　李嵩　聽阮圖　局部

十一 宋 李嵩 觀燈圖 局部

十二 宋 劉松年 仕女

十三之二 宋 陳居中 文姬歸漢圖 局部

十三之一　宋　陳居中　文姬歸漢圖　局部

十四　宋　錢選　招涼仕女　局部

十五　宋人　宮沼納涼　局部

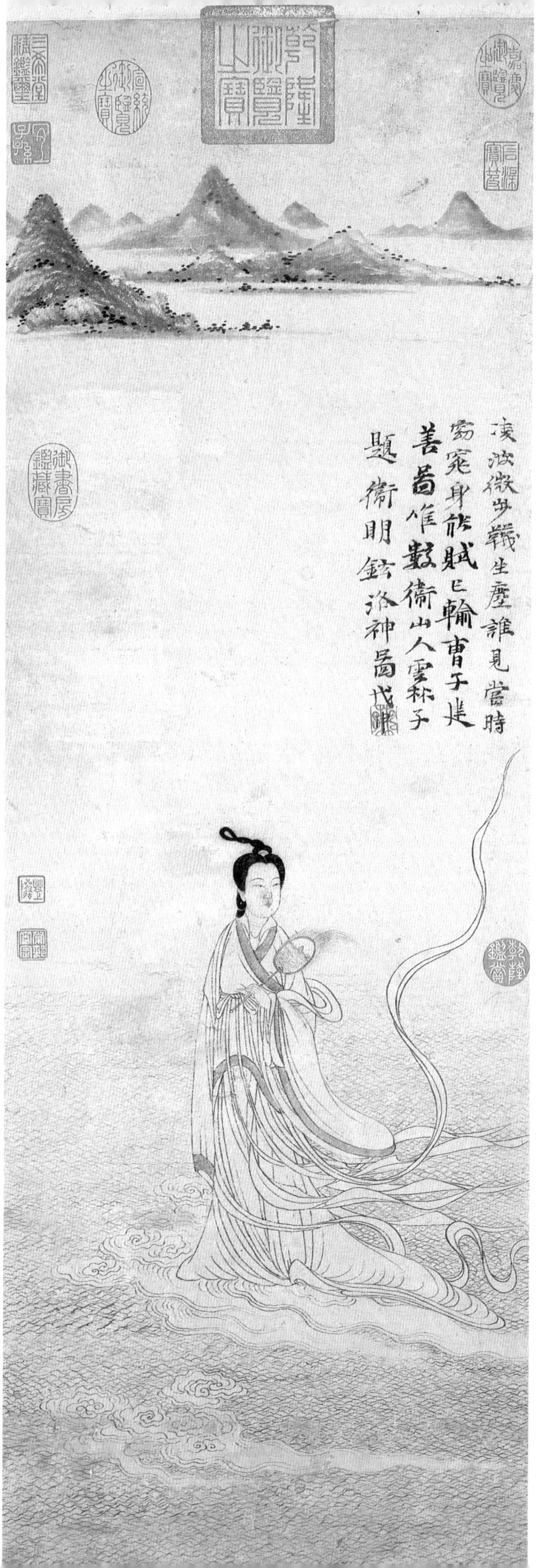
凌波微步襪生塵誰見當時
窈窕身能賦已輸曹子建
善圖唯數衛山人雲林子
題衛明鉉洛神圖

十六之一　元　衞九鼎　洛神圖

十六之二 元 衞九鼎 洛神圖 局部

十七　元　趙孟頫　吹簫仕女圖　局部

女仕涼招畫　人元　八十

十九　元人　梅花仕女

二一之二　明　仇英　漢宮春曉　局部

部局　曉春宮漢　英仇　明　一之一二

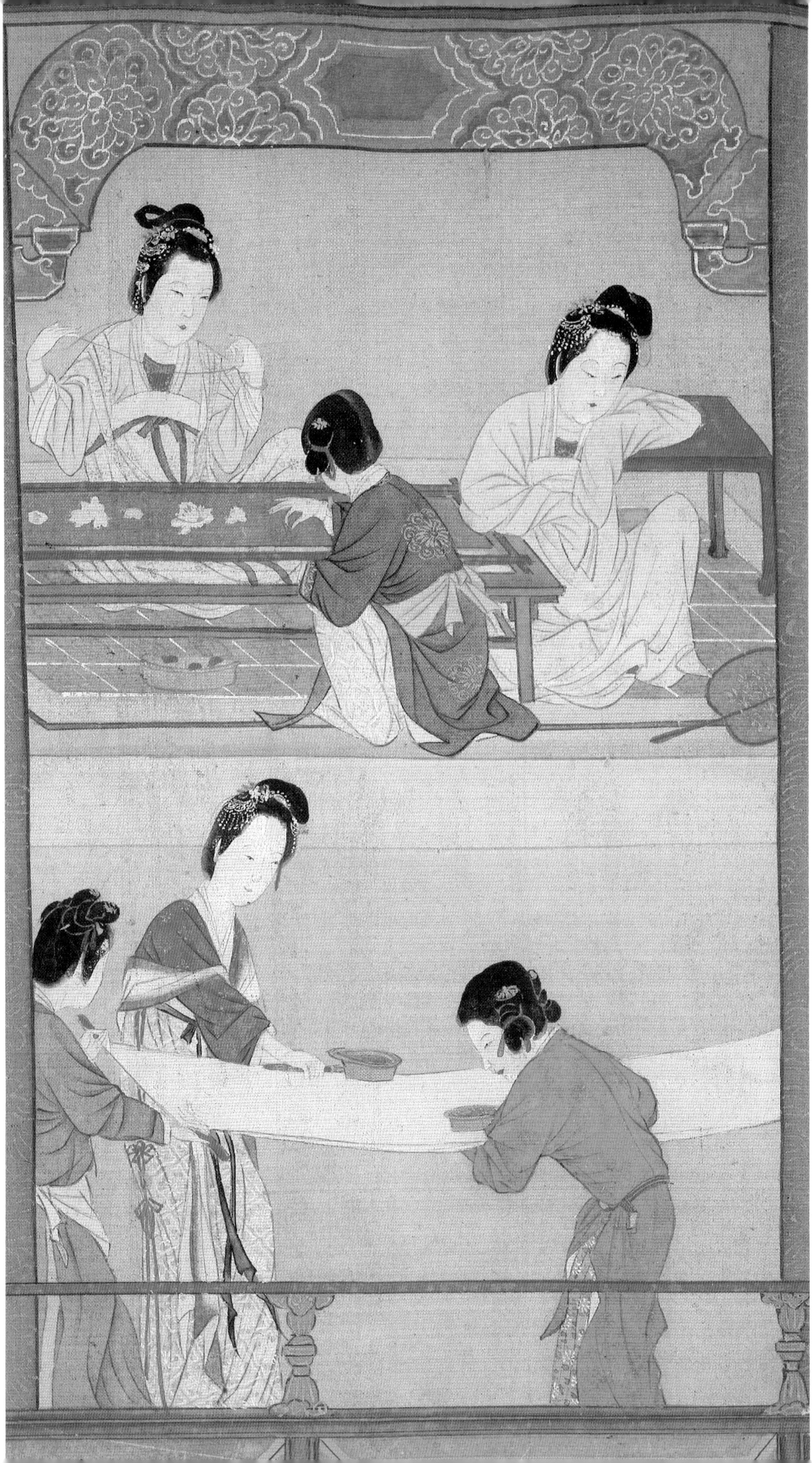

二一之三　明　仇英　漢宮春曉　局部

二二　明　仇英　美人春思　局部

二三 明 仇氏杜陵內史 畫唐人詩意 局部

四　明　陳洪綬　縹香

二五　明　陳洪綬　仕女　局部

二六　清　禹之鼎　攬鏡簪花　局部

泊晚舟蓮　貞秉焦　清　七二

八之一　清　冷枚　月夜遊園　局部

八之二　清　冷枚　月夜遊園　局部

二九 清 姚文翰 繪山水樓台

三〇　清　金廷標　長至添線　局部

圖書授家大曹畫　標廷金　清　一三

二三　清　張廷彥　青女素娥圖

三三　無款　仕女　局部

女仕　款無　四三

歷代仕女畫風格之比較

晉顧愷之洛神圖

唐周昉內人雙陸

宋陳居中文姬歸漢圖

五代人浣月圖

五代南唐周文矩仕女圖

宋牟益擣衣圖

宋牟益擣衣圖

宋王詵繡櫳曉鏡

宋李公麟畫麗人行

宋高宗書女孝經馬和之補圖

宋李嵩觀燈圖

宋牟益擣衣圖

宋錢選招涼仕女

宋劉松年仕女

元衛九鼎洛神圖

元趙孟頫吹簫仕女圖

元人畫招涼仕女

宋人宮沼納涼

元人梅花仕女

明仇英漢宮春曉

明仇英漢宮春曉

明仇英美人春思

明仇英漢宮春曉

明陳洪綬縹香

明陳洪綬仕女

清焦秉貞蓮舟晚泊

清禹之鼎攬鏡簪花

清冷枚月夜遊園

清金廷標長至添線

無款仕女

清金廷標畫曹大家授書圖

黑白參考圖版

東晉　顧愷之　洛神圖

唐　周昉　內人雙陸①

唐　周昉　內人雙陸②

宋　李公麟　畫麗人行

五代人　浣月圖

宋　陳居中　文姬歸漢圖

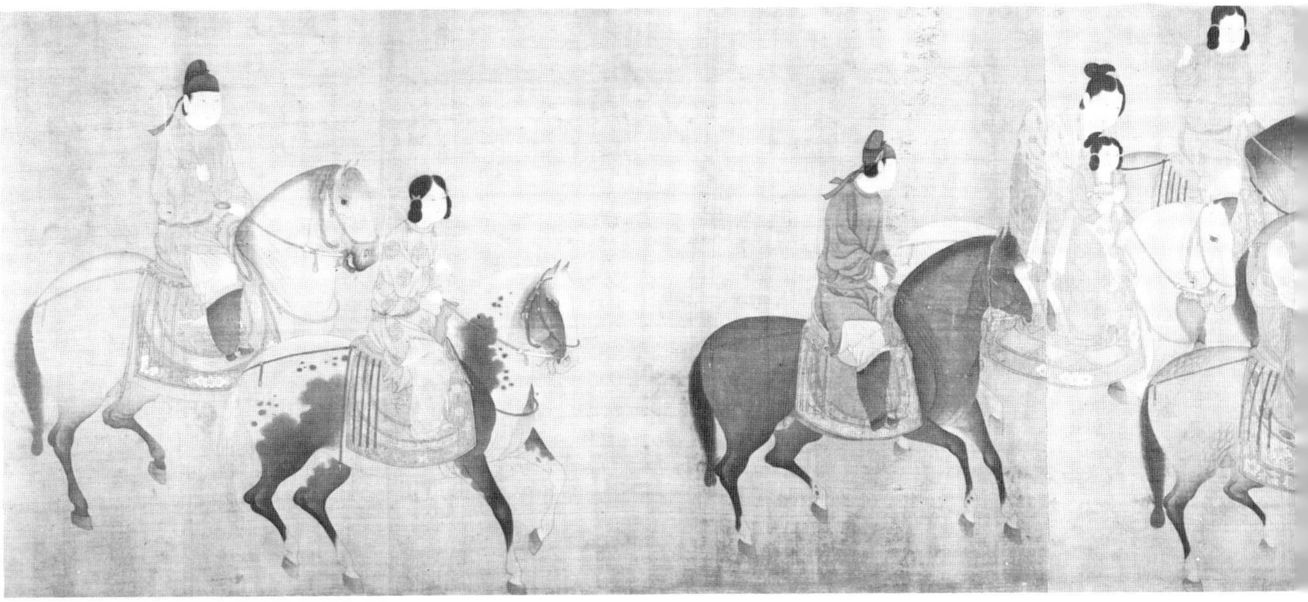

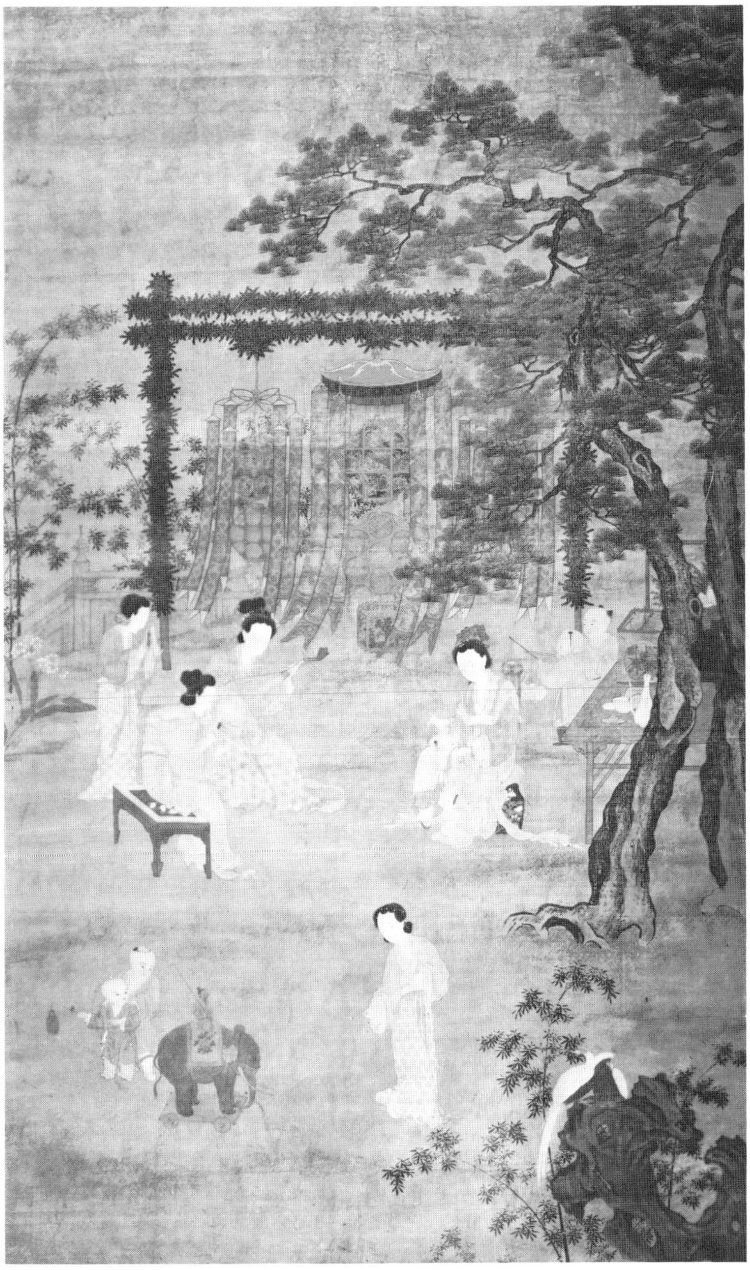

宋 李嵩 觀燈圖

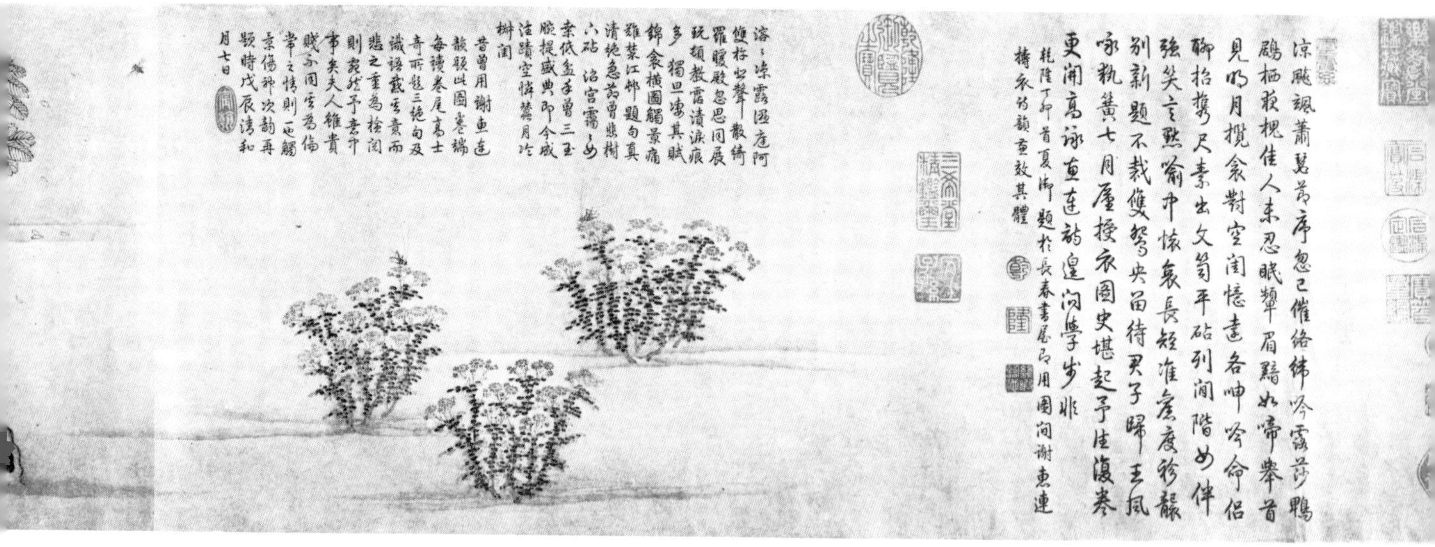

宋　牟益　擣衣圖①

宋　牟益　擣衣圖②

宋　牟益　擣衣圖③

謝惠連擣衣詩
衡紀無淹度晷運倏如催白露滋園菊
秋風落庭槐肅〻莎雞羽烈〻寒螿啼
夕陰結空幕宵月皓中閨美人戒裳服
端飾相招攜簪玉出北房鳴金步南
櫩高砧響發楹長杵聲哀微芳起兩袖
輕汗染雙題紈素既已成君子行未歸
裁用笥中刀縫為萬里衣盈篋自余手
幽緘俟君開腰帶准疇昔不知今是非
文書

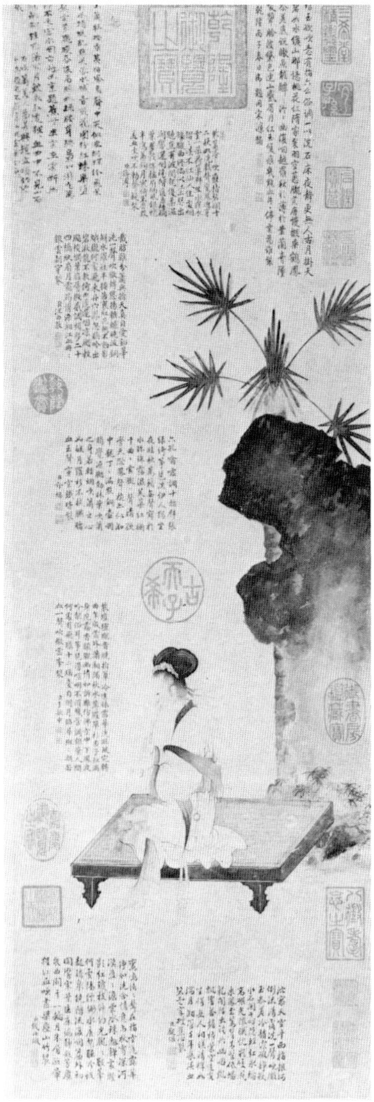

元　趙孟頫　吹簫仕女圖

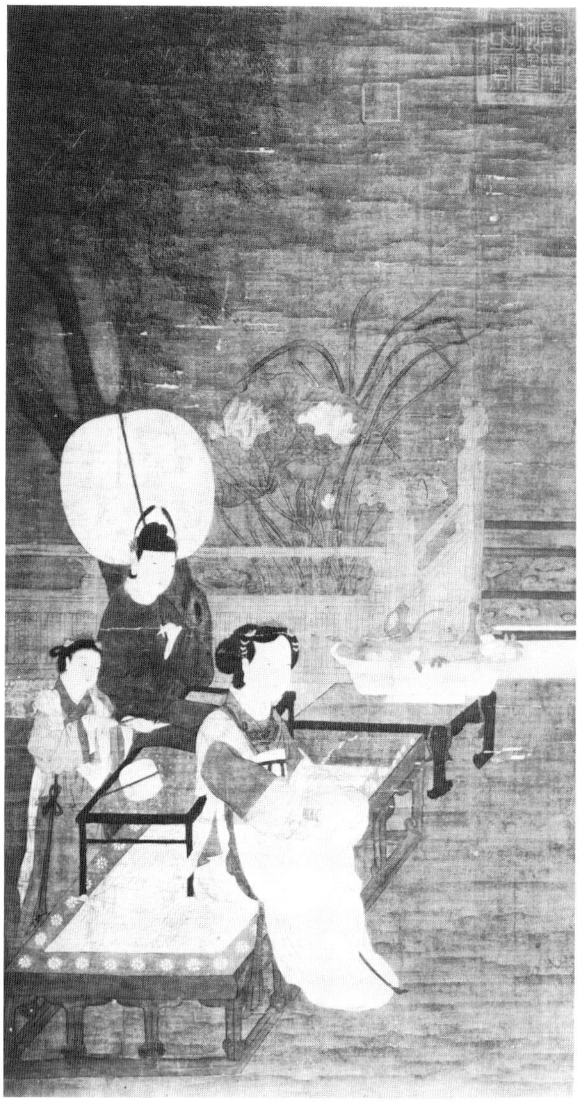

宋人　宮沼納涼

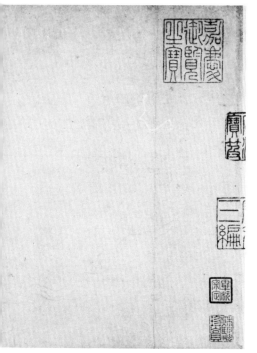

明　仇英　美人春思

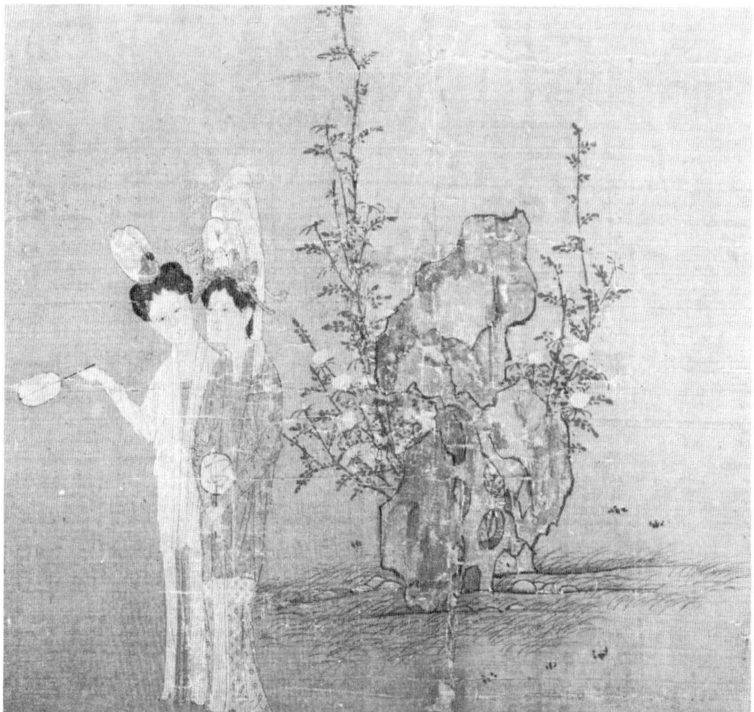

宋　錢選　招涼仕女

明　仇氏杜陵內史　畫唐人詩意

明　唐寅　畫班姬團扇

①曉春宮漢　英仇　明

②曉春宮漢　英仇　明

③曉春宮漢　英仇　明

女仕　綬洪陳　明

園遊夜月　枚冷　清

清　金廷標　長至添線

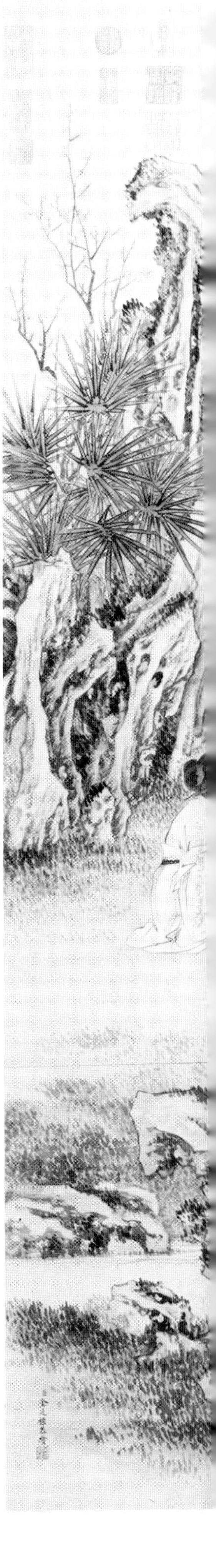

娥素女青　彥廷張　清

花簪鏡攬　鼎之禹　清

圖版說明

一　東晉　顧愷之　洛神圖

冊　絹本設色畫
縱二五．五公分
橫五二．四公分

顧愷之（西元三四六至四〇七年），晉陵無錫（今江蘇無錫）人。字長康，小名虎頭。為人詼諧善語，博學工詩賦，擅書畫，時有才絕、畫絕、癡絕三絕之稱。畫長於人物，筆法如春蠶吐絲，初見甚平易，且虧形似，細視之則六法兼備；又人像多數年不點目睛，問其故，則答以傳神皆在阿堵中，故知其作品極重視人物之神情表現。

本幅選自「名繪集珍」冊第一開，內容擷取曹子建「洛神賦」文意，繪洛川之神宓妃乘輿凌空之景。女神、龍、馬、怪魚之刻畫俱精，流水、林木則未脫早期山水之稚拙趣味。畫幅無款印，舊籤標為顧愷之。由畫面鑑察，應係後世畫家據古本臨摹而得。

本幅收傳印記：米芾審定。王良史章。石渠寶笈。寶笈三編。嘉慶御覽之寶。宣統御覽之寶。

二　唐人　宮樂圖

軸　絹本設色畫
縱四八．七公分
橫六九．五公分

本幅無作者名款。畫女樂十二人，十人圍案而坐，中四人正吹奏笙、簫、古箏與琵琶諸樂器。侍立二人中，一人持拍相和，其餘衆人坐聽，狀至閒適。此圖石渠寶笈原標名元人畫，然審其人物體態豐腴，開臉留三白；髮髻衣飾、設色、畫法皆係晚唐作風。

無款印。

本幅收傳印記：乾隆御覽之寶。乾隆鑑賞。石渠寶笈。三希堂精鑒璽。宜子孫。石渠定鑑。寶笈重編。御書房鑑藏寶。嘉慶御覽之寶。宣統御覽之寶。宣統鑑賞。無逸齋精鑑璽。

三　唐　周昉　內人雙陸

卷　絹本設色畫
縱二八・八公分
横一一五公分

周昉（活動於西元七八〇至八〇四年間），陝西長安人。字仲朗，又作景元，為宣州長史。好屬文，能書，善畫道釋人物仕女。初師張萱，後則小異。所作人物，衣裳勁簡，彩色柔麗，頗饒風姿。

雙陸本為胡人遊戲，玩法以異木為盤，盤中彼此內外，各有六梁，故得名。據「事源」載，魏陳思王製雙陸局，置骰子二。至唐末有葉子之戲，遂加骰子至於六。

畫無款印，目前之品名係據幅末錢選題識而來。觀畫中人物，造形豐腴，饒具唐風，縱屬後人摹作，當亦有所本也。

本幅收傳印記：乾隆御覽之寶。石渠定鑑。寶笈重編。石渠寶笈。樂壽堂鑑藏寶。乾隆鑑賞。寧壽宮續入石渠寶笈。三希堂精鑑璽。宜子孫。

四　五代南唐　周文矩　仕女圖

軸　絹本設色畫
縱一八〇・九公分
横一〇二・一公分

周文矩（西元十世紀），建康句容（今南京）人。仕後主李煜為翰林待詔，善繪冕服車器，尤工人物仕女。所作人物，線條率皆細勁曲折，圓潤流暢，間作顫動之勢，飄逸自若，不令墮入吳（道子）曹（弗興）之舊習，故能自成一家面目。至若綺羅仕女，雖近承唐代周昉，惟其纖細秀麗，益有過之。

本幅畫桐蔭仕女憑欄展卷，旁踞一貍奴相伴。圖中並無名款，觀其衣紋，轉折剛健，與文矩風格相去遠甚，當屬後世收藏者擅自附名，乃有此標題。

無款印。

本幅收傳印記：乾隆御覽之寶。乾隆鑑賞。嘉慶御覽之寶。嘉慶鑑賞。石渠寶笈。三希堂精鑑璽。宜子孫。寶笈三編。

五　五代人　浣月圖

軸　絹本設色畫
縱七七·二公分
橫五〇·四公分

明月倚天，皎潔瑩瑓。曲欄庭院，虬松蒼鬱，梧桐欣茂，蕉葉挺翠。尚有芙蓉、蜀葵、雛菊等競吐芬芳，滿園秋意撩人。奇石上，蟠螭瀉水，激盪池中月影。盛裝婦人為其所惑，探手如欲撈之。旁有侍女三人，或臨案焚香，或捧物，或荷琴。

衣紋線條剛健細勁，屬「鐵線描」一類，並有佐以金線者，披帛、裙帶且平行如「琴弦描」。

畫無款印，舊籤題為五代，以風格論，當更近於宋。

本幅收傳印記：緝熙殿寶。乾隆御覽之寶。乾隆鑑賞。石渠寶笈。三希堂精鑑璽。宜子孫。嘉慶御覽之寶。宣統御覽之寶。宣統鑑賞。無逸齋精鑑璽。

六　宋　王詵　繡櫳曉鏡

冊　絹本設色畫
縱二四·二公分
橫二五公分

王詵（西元一〇三六—？），字晉卿，太原人。尚英宗女，魏國大長公主，為利州防御使。工書畫，山水學李成、郭熙，寫煙江遠壑、柳溪漁浦、晴嵐絶澗、寒林幽谷，莫不清潤可愛，超軼近古。本幅繪碧樹重蔭間，屏榻錯落，一宮妝仕女對鏡婷立，另有兩名侍婢捧奩將至。人物、配景鉤描極細，賦色於繁複中未失雅淡。對幅題詩有云：「不遣丹青彩筆慵，自然風韻寫豐容，鏡匳月幌清如水，寂寂閒庭花影重。」蓋詵以尚主之貴，日在綺羅宮苑之間，體味既深，筆底乃能至此。

本幅選自「宋元名繪」冊第八開。

畫無款印及收傳印記，舊籤標為王詵之作，惟本幅畫風與王詵無關，〈宋畫精華〉已改訂為宋人。

七　宋　李公麟　畫麗人行

卷　絹本設色畫

縱三三·四公分

橫一一二·二公分

李公麟（西元一〇四九至一一〇六年），安徽舒城人。熙寧中進士，為中書門下省刪定官，元符三年病痹致仕，歸老龍眠山。善山水人物，又留意畫馬，畫馬初學韓幹，後自闢蹊徑。

杜甫有麗人行之作，此即描繪詩中秦韓虢三國夫人出遊。女子雍容豐肥，衣飾華麗。馬匹亦肥壯，縱轡徐行，輕盈優美。人物造形與設色，尚有唐風。

畫無款印，據舊籤標為李公麟之作。

本幅收傳印記：乾隆御覽之寶。乾隆鑑賞。石渠寶笈。石渠定鑑。寶笈重編。三希堂精鑑璽。養心殿鑑藏寶。宜子孫。嘉慶御覽之寶。宣統御覽之寶。

八　宋　宋高宗書女孝經馬和之補圖

卷　絹本設色畫

縱二六·四公分

橫六三·七公分

馬和之，錢塘（今杭州）人。高宗紹興（一一三一－一一六二）中登第，官至工部侍郎，高、孝宗兩朝深重其畫。善畫山水、人物，筆法飄逸，務去華藻，自成一家。

本次展出女孝經圖第八段，闡明以孝治家，當不論尊卑，均不輕慢；必兼有愛心與尊重，秉公並穩當地處理事務，方是持家之道，因此畫中仕女之神態皆甚為謙和沈著。若以筆墨論，雖標名馬和之所畫，卻與其風格並不十分相似，倒有馬麟之意味；而幅前所謂高宗題字，實較近於理宗，故或易名為「宋人書畫女孝經」，將更恰當。

無款印。

本幅收傳印記：明安國玩。

九　宋　牟益　擣衣圖

卷　紙本水墨畫

縱二七・一公分

橫四六六・三公分

牟益（生於西元一一七八年），南宋理宗、度宗時文士，字德新，籍貫四川。工人物畫，晚年喜好研究古文與篆書。

此幅畫南朝詩人謝惠連（西元三九七—四三三年）擣衣詩詩意。全卷用淡墨白描，婦女三十二人。面目豐腴，衣裙寬大，猶是唐人遺意。所畫人物樹木屋宇雜物，無一不精。起首一段，寫諸婦人相將而至，兩燭前導，兩人抱練。餘人或理裝，或袖手，閑閑然來；繼則擣練、剪裁、縫衣、量衣、封寄。眉宇之間，多有愁思之意，蓋天風漸寒，裁衣寄遠，固有未能已於懷者也。

自題詩：謝惠連擣衣詩。衡紀無淹度，晷運倏如催。白露滋園菊，秋風落庭槐；肅肅莎鷄羽，烈烈寒螿啼。夕陰結空幕，宵月皓中閨；美人戒裳服，端飾相招攜；簪玉出北房，鳴金步南階。櫩高砧響發，楹長杵聲哀。微芳起兩袖，輕汗染雙題。紈素既已成，君子行未歸；裁用笥中刀，縫為萬里衣。盈篋自余手，幽緘俟君開。腰帶准疇昔，不知今是非。史書。

跋後款署：嘉熙庚子良月既望。蜀客牟益德新書。

乾隆丁卯御題，詩文不錄。

乾隆戊辰又御題，詩文不錄。

本幅收傳印記：董史祕玩。書帷寶繪。安。儀周鑑賞。安儀周家珍藏。高士奇。二重。江村祕藏。子孫保之。白石山房書畫之記。亦珍。朗潤堂印。寧壽宮續入石渠寶笈。樂壽堂鑑藏寶。石渠寶笈。寶笈重編。乾隆御覽之寶。三希堂精鑑璽。宜子孫。古希天子。壽。五福五代堂古稀天子寶。八徵耄念之寶。乾隆鑑賞。御賞。二重。稽古右文之璽。二重。嘉慶御覽之寶。宣統御覽之寶。

一〇 宋 李嵩 聽阮圖

軸 絹本設色畫

縱一七七·五公分

橫一〇四·五公分

李嵩是李從訓的養子，浙江錢塘人。歷任光宗、寧宗、理宗三朝（西元一一九〇至一二六四年）畫院待詔。精於道釋人物畫，更長於界畫。

古樹下，有一士人坐在榻上，聆聽著撥阮演樂，另外尚有一女持花。兩名丫鬟一燒香，一持扇環侍在側。榻後陳列著玩賞的器物，園中的花卉也正盛開，極為熱鬧而富雅趣。幅右下方的樹幹上，繫有李嵩款印，惟就技法論，較近於杜堇（十五世紀後半）的風格，故本幅應出自明人之手。

款：李嵩。鈐印一：錢塘李嵩印章。

本幅收傳印記：乾隆御覽之寶。乾隆鑒賞。嘉慶御覽之寶。嘉慶鑑賞。石渠寶笈。三希堂精鑒璽。宜子孫。寶笈三編。宣統御鑒之寶。宣統鑑賞。

一一 宋 李嵩 觀燈圖

軸 絹本設色畫

縱一七一公分

橫一〇七·一公分

小傳同前。

此畫庭院松蔭，樹立一棚，下懸彩燈。孩童數人提燈為戲，婦女五人演奏樂器。舊籤雖標為李嵩，但觀其人物開面及衣紋畫法，頗有唐寅（一四七〇—一五二三）遺風，顯係後人託名之作。

無款印及收傳印記。

一二 宋 劉松年 仕女

冊 絹本設色畫

劉松年，浙江錢塘人。居清波門外，人呼劉清波，又呼暗門劉。南宋孝宗淳熙初畫院學

縱一四・三公分
橫三四・九公分

生，紹熙年（一一九〇—一一九四）畫院待詔。師張訓禮，工畫人物、山水，而神氣清妙，時稱絕品。

庭園中，文石雕闌；梅樹下，一仕女手執團扇，輕歌初歇，正乃花光扇影的月夜景緻。幅中仕女之面部可看出明顯的三白法，衣紋則線條挺勁有力。

畫無款印，籤題定為劉松年，然風格不似，亦屬託名之作。

本幅收傳印記：石渠寶笈。寶笈三編。嘉慶御覽之寶。

一三　宋　陳居中　文姬歸漢圖

軸　絹本設色畫
縱一四七・四公分
橫一〇七・七公分

陳居中，寧宗嘉泰間（西元一二〇一至一二〇四年）畫院待詔。宋元載籍關於陳氏之資料極少，至明則時見其作品流傳之記載，而以蕃馬題材居多。本幅繪蔡琰歸漢故實。蔡琰，東漢蔡邕之女，字文姬，博學多才，妙通音律。嫁河東衛仲道，夫亡無子；興平中，天下喪亂，文姬為胡騎虜獲，嫁與南匈奴左賢王，居胡地十二年，生二子。曹操素與邕善，乃遣使以金璧贖回，重嫁同郡董祀。幅中寫辭胡歸漢之景，悲喜交織，至為感人；文姬與侍女皆著胡式衣冠，堪為輿服志增補珍貴之史料。

無款印。

本幅收傳印記：乾隆御覽之寶。乾隆鑑賞。石渠寶笈。三希堂精鑑璽。宜子孫。石渠定鑑。寶笈重編。養心殿鑑藏寶。嘉慶御覽之寶。宣統御覽之寶。

一四　宋　錢選　招涼仕女

冊　絹本設色畫

錢選（西元一二三九至一三〇一年），浙江吳興人。字舜舉，號玉潭，又號清癯老人。

縱二二・四公分
橫二一・七公分

為人豁達有氣度，宋亡不仕，流連詩畫。其畫人物師李公麟，山水師趙令穰，又善折枝花，尤精臨摹古蹟。

畫二佳麗，頭頂高冠，身披輕紗，手執紈扇於園中消暑。佈局簡約，設色雅淡。衣描用筆勁如游絲。襟帶描法似「琴弦描」。

無款印及收傳印記，舊籤標為錢選之作，惟〔宋畫精華〕考訂，應出自南宋院畫家之手。

一五　宋人　宮沼納涼圖

軸　絹本設色畫
縱八二・四公分
橫四四・三公分

池中荷花盛開，岸邊垂柳成蔭。一位仕女閒坐榻上，侍者持扇在後，扇中以鳳為飾，意指其身份為后。仕女穿著薄紗，桌案放置水果，果盤中尚盛有冰塊。旨在表現炎夏悠閒消暑之趣。

畫人物使用近似細鐵線之描法，體型豐腴，氣質華貴，是為唐人遺風之影響。

無款印，舊籤定為宋，惟畫風頗近明人。

本幅收傳印記：乾隆御覽之寶。御書房鑑藏寶。石渠寶笈。嘉慶御覽之寶。宣統御覽之寶。

一六　元　衛九鼎　洛神圖

軸　紙本水墨畫
縱九〇・八公分
橫三一・八公分

衛九鼎（約西元十四世紀），字明鉉，浙江天台人。山水、人物都畫得很好，尤其更善於界畫。

這一幅以白描法畫洛神駕著輕雲，飄凌在千頃煙波的江上。面容皎美，體態端莊。長長的衣帶隨風微盪輕舞，有如游龍迴轉婉婉升起。用筆非常柔靭而流暢，全幅不施彩色，極清淡幽雅，並有纖塵不染之感。

無款印。

倪瓚題：凌波微步襪生塵，誰見當時窈窕身；能賦已輸曹子建，善圖惟數衛山人。雲林子題衛明鉉洛神圖。戊申。鈐印一：雲林子。

本幅收傳印記：張則之。蒼巖。棠村審定。乾隆御覽之寶。三希堂精鑒璽。石渠寶笈。乾隆鑑賞。宜子孫。御書房鑑藏寶。嘉慶御覽之寶。宣統御覽之寶。

一七　元　趙孟頫　吹簫仕女圖

軸　紙本設色畫

縱一五〇・四公分

橫六三・六公分

趙孟頫（西元一二五四至一三二二年），浙江吳興人。字子昂，號松雪道人，本為宋宗室，宋亡仕元，官至翰林學士，封魏國公。能詩善書，畫兼擅山水、人馬、花鳥、竹石等。

本幅舊傳為趙孟頫所作，畫棕櫚樹下，一仕女踞榻吹簫。畫法異於習見趙畫，山石純以水墨漬成，與人物細筆勾勒相映，古拙中饒具秀雅之致。

無款印。

宋濂題云：玉簫輕按柔荑指，鳳鳥聲中天似洗。蝴蝶紛飛茉莉風，蜻蜓亂點芙蓉水。膩音凝花團粉紅，蛛巢墮鬢雲蒙朧。臙唇濃眉照秋綠，腰身騕裊如游龍。蕭郎不來宮水咽，時將幽素題蕉葉。巫雲巫雨斷無蹤，翩翩桂花落寒月。鮫衣紅透猩猩血，曲中不見山石裂。右吹簫美人圖，吳興趙孟頫作也，予為題，老不能書，呈醜，金華宋濂。鈐印二：景濂。半存。一印不識。

乾隆丙子御題詩，及蔣溥、汪由敦、介福、于敏中、觀保、錢汝誠諸臣和詩。（詩文不錄）

本幅收傳印記：乾隆御覽之寶。乾隆鑑賞。三希堂精鑑璽。宜子孫。石渠寶笈。石渠繼鑑。御書房鑑藏寶。八徵耄念之寶。古稀天子。嘉慶御覽之寶。宣統御覽之寶。宣統鑑賞。

無逸齋精鑒璽。

一八　元人　畫招涼仕女

冊　絹本設色畫
縱一九．八公分
橫二六．三公分

朱衫仕女髮束大髻，回首緩步而行。侍女二人髮結雙螺髻，分執白巾障扇，隨侍左右。人物賓主分明。衣紋線條精細有勁，衣褶處均加暈染，襞面變化有致，朱衫之領口衣袖處並用泥金鉤提數筆，手法極為細膩，並得古艷之趣。右下角繫有趙孟頫印兩方，本幅或即趙氏之筆。

本幅選自「宋元名繪」冊第四開。

無款印。

本幅收傳印記：趙氏子昂。半印。松雪齋。半印。

一九　元人　梅花仕女

軸　絹本設色畫
縱一三一．四公分
橫六三公分

唐徐堅〈初學記〉云：「宋武帝女壽陽公主，人日卧簷下，梅花落於額上，成五出之花，號為梅花粧。」本幅畫老梅下立一美人對鏡理粧，額上飾以梅花，蓋即寫壽陽公主故事也。人物用筆賦彩，皆甚精，點景梅、石、水仙，似未經意，風格近於明。

無款印。

本幅收傳印記：嘉慶御覽之寶。宣統御覽之寶。

二〇　明　唐寅　畫班姬團扇

軸　紙本設色畫
縱一五〇·四公分
橫六三·六公分

唐寅（西元一四七〇至一五二三年），江蘇吳縣人。字子畏，一字伯虎，號六如。天資穎異，性格瀟灑不羈，自命為江南第一風流才子。山水、人物、花鳥無所不精，畫師周臣，而有出藍之譽。

樱閭下班姬持扇，下畫葵花點秋令。按漢班婕好有怨歌行，末云：「常恐秋節至，涼颷奪炎熱，棄捐篋笥中，恩情中道絶」。蓋有所託再云然也。標題班姬團扇，實誤，案班姬為班昭（曹大家）而非班婕妤。

款：吳郡唐寅。鈐印二：唐伯虎。南京解元。

祝允明題：碧雲涼冷別宮苔，團扇徘徊句未裁；休説當年辭輦事，君王心在避風臺。祝允明。鈐印一：晞哲。

文徵明題：落盡閒花日晷遲，薄羅輕汗暑侵肌；眉端心事無人會，獨許青團扇子知。徵明。鈐印二：文壁印。文徵明印。

王穀祥題：蟬鬢低乘螺黛殘，含顰睡起恨漫漫；長門七月渾無暑，翠袖玲瓏掩合歡。王穀祥。鈐印二：穀祥。王祿之印。

本幅收傳印記：嘉慶御覽之寶。嘉慶鑑賞。三希堂精鑑璽。宜子孫。石渠寶笈。寶笈三編。宣統御覽之寶。一書生。棨書樓藏。

二一　明　仇英　漢宮春曉

卷　絹本設色畫
縱三〇·六公分

仇英（約西元一四九四至一五五二年），江蘇太倉人。字實父，號十洲。初執事丹青（一説作漆工），周臣異而教之，後遂成名。所作有畫院之精能而饒士氣，為明四大家之一。

橫五七四·一公分

漢宮春曉，蓋寫宮中嬪妃生活，借皇家園庭殿宇之盛，以騁其華縟藻麗之筆耳。所傳畫本甚多，有畫毛延壽為嬪妃寫照者，亦有不畫此景者，可知初無一定故事。仇英此卷，鉤勒秀勁而設色妍雅，實屬院藏同類題材中之最佳者。

無款印。

本幅收傳印記：子京父印。一重項墨林父祕笈之印。一重退密。六藝之圃。項元汴印。墨林祕玩。項子京家珍藏。墨林生。項叔子。子孫世昌。一重沮溺之儔。神游心賞。子京。寄傲。子孫永保。平生真賞。項墨林鑑賞章。蒼巖子。蕉林鑑定。神品。一重乾隆御覽之寶。石渠寶笈。御書房鑑藏寶。嘉慶御覽之寶。宣統御覽之寶。

二二　明　仇英　美人春思

卷　紙本設色畫

縱二〇·四公分

橫五八·二公分

仇英（約西元一四九四至一五五二年），江蘇太倉人。字實父，號十洲。初執事丹青（一說為漆工），周臣異而教之，後遂成名。畫工山水、人物、兼善鳥獸、花卉，所作有院畫之精能而饒士氣，為明四大家之一。

畫美人雲裾霞裳，獨立嫣然，亭亭雲水，渺無涯際。畫仕女衣紋用筆略帶方折，雲水則為圓柔，雲以淡墨勾勒，水用螺青淡染。構景雖簡，取意精謹。蓋此卷所繪或即為洛神。正所謂凌波微步，羅襪生塵也。

無款。鈐印二：十洲。仇英之印。

本幅收傳印記：石渠寶笈。寶笈三編。嘉慶御覽之寶。嘉慶鑑賞。三希堂精鑑璽。宜子孫。畢沅審定。秋颿珍賞。

二三　明　仇氏杜陵內史　畫唐人詩意

軸　紙本設色畫

縱一〇三公分

橫六〇・六公分

仇氏（西元十六世紀），江蘇太倉人，號杜陵內史。乃仇英之女，能畫，綽有父風。畫山水、人物，精工秀麗，筆意不凡，無一點塵俗氣。

本幅繪珍木橫雲，牡丹簇艷，一仕女淡妝華服立於花木前。款署吳門仇氏戲寫，然唐人詩意圖鉤勒嚴謹，賦彩細膩無倫，前人嘗盛讚乃父畫風「髮翠豪金，絲丹縷素，精麗艷逸，無慚古人。」倘以之形容仇氏此作，亦非過譽也。

款：吳門仇氏戲寫。鈐印一：杜陵內史。

本幅收傳印記：嘉慶御覽之寶。嘉慶鑑賞。三希堂精鑑璽。宜子孫。石渠寶笈。寶笈三編。宣統御覽之寶。

二四　明　陳洪綬　縹香

冊　紙本淺設色畫

縱二一・四公分

橫二九・八公分

陳洪綬（西元一五九九至一六五二年），浙江諸暨人。字章侯，早年自號蓮沙彌，後號老蓮。明亡後，又號悔遲、勿遲。人物、花鳥、草蟲、山水無不精妙，皆能自出機杼，表現出高古奇駭，意趣盎然之特色。為晚明極具影響力之大畫家。

淑女持卷，坐石墩上，石上舖設花墊。畫衣紋用筆細謹流暢，表現出仕女優雅纖細的氣質。旁置脩竹三竿，竹葉豐肥，以濃淡墨雙鉤，有前後掩映之趣。

本幅選自「隱居十六觀」冊第九開。

款識：老悔。鈐印一：章侯。

本幅收傳印記：宋致審定。之赤。（連珠印）。

二五　明　陳洪綬　仕女

冊　紙本設色畫

縱二四・三公分

橫三一・一公分

陳洪綬（西元一五九九至一六五二年），浙江諸暨人。字章侯，早年自號蓮沙彌，後號老蓮。明亡後，又號悔遲、勿遲。人物、花鳥、草蟲、山水無不精妙，皆能自出機杼，表現出高古奇駭，意趣盎然之特色。為晚明極具影響力之大畫家。

設色畫仕女，衣著樸質，著色雅澹，畫衣紋用筆蒼勁穩健，強調轉折起頓，線條由方直而入圓勁。意境入於神化，是老蓮精心之作。

本幅選自陳洪綬「雜畫」冊第六開。

款識：天寒翠袖薄，日暮倚脩竹。乙酉仲春畫於龍山，洪綬。鈐印一：章侯。

本幅收傳印記：靜寄軒圖書印。

二六　清　禹之鼎　攬鏡簪花

冊　紙本淺設色畫

縱二五・二公分

橫二三・二公分

禹之鼎（西元一六四七至一七〇九年），江蘇揚州人。字上吉，一字尚基，一作尚稽，號慎齋。康熙二十年（一六八一）以畫供奉入直暢春園。幼師藍瑛，出入宋、元諸家，兼善人物、仕女、肖像。其寫真畫法私淑曾鯨，而面貌獨具，秀媚古雅蔚為當代之冠，故一時名人小像多出自其手。

本幅選自「國朝名繪」冊第六開，白描繪仕女二人，一攬鏡自照，一拈花欲戴，衣紋近馬和之蘭葉描，兩顴微用脂赭暈開，一派飄逸之趣，盎然楮素。

無款。鈐印二：禹之鼎。慎齋。

二七　清　焦秉貞　蓮舟晚泊

冊　絹本設色畫
縱三〇・七公分
橫二〇・三公分

焦秉貞，山東濟寧人。約活動於康熙廿八年至雍正四年間（西元一六八九至一七二六年）。善繪事，祗候內廷。并因曾任職於欽天監，與歐洲傳教士南懷仁共事，得以接觸西洋畫法，故所繪人物、樓觀，自近而遠，自大而小，俱不爽毫髮。

本幅選自「畫仕女圖」冊第三開，寫盛夏間，柳蔭蔽天，敞軒臨水，蓮舟將泊岸，仕女相扶欲登。幅中建築運用定點透視法，立體空間深入畫面，仕女之臉手部分亦著意於凹凸表現，誠屬融合中西技藝之院畫代表。

無款印。

本幅收傳印記：宣統御覽之寶。

二八　清　冷枚　月夜遊園

冊　絹本設色畫
縱三八・四公分
橫三一・三公分

冷枚，字吉臣，山東膠州人。康熙年間供奉內廷，作品見於康熙四十二年至五十六年間（西元一七〇三至一七一七年）。善人物、寫真。畫師焦秉真，設色鮮艷明麗。

園中梅花盛開，紅白競艷，一輪明月相映於高空。仕女造形清秀，服飾富麗，設色尤為穠艷，是典型的院畫。

本幅為「畫幅集冊」第二十四開。

款：臣冷枚恭畫。鈐印一：臣冷枚。

二九　清　姚文瀚　繪山水樓臺

冊　絹本設色畫
縱三六・三公分

姚文瀚，生卒年待考。號濯亭，順天（今北平）人。乾隆（西元一七三六至一七九五年）時供奉內廷，工道釋人物。

橫五四・三公分

繪庭園一角，臺閣內之仕女，或展卷品賞，或對奕，或談心，或擷花入器，為宮廷仕女休閒寫照。本幅用筆纖細勁挺，設色雅淡明淨。仕女面目姣好，氣度幽雅。

此幀選自姚文瀚「繪山水樓臺」册第一開。

款識：臣姚文瀚恭畫。鈐印一：恭畫。

三〇　清　金廷標　長至添線

軸　紙本設色畫

縱一四四・五公分

橫五五・一公分

金廷標（活動於西元一七六〇至一七六七年），生卒年不詳。字士揆，烏程（浙江吳興）人。善人物，兼工花卉、山水。其用筆不尚工緻，而富流動機趣。

本幅標題「長至添線」，長至即冬至日，是時太陽的運行移至最南端，對北半球而言，相距最遠，故日最短、夜最長。同時若立竿地面，以線測量日影，由於角度最為偏南，日影當然最長，較之他日，自有添線之需。另自冬至後，白日漸長，婦女從事女紅的時間亦漸增加，以刺繡為例，繡線必用得多些，因此有添線之說，以為表徵。

款：臣金廷標恭繪。鈐印一：廷標。

本幅收傳印記：乾隆御覽之寶。乾隆鑑賞。五福五代堂古稀天子寶。古希天子。八徵耄念之寶。壽。信天主人。乾隆宸翰。淳化軒。淳化軒圖書珍祕寶。石渠寶笈。寶笈三編。三希堂精鑒璽。宜子孫。嘉慶御覽之寶。嘉慶鑑賞。宣統御覽之寶。

三一　清　金廷標　曹大家授書圖

軸　紙本設色畫

縱九〇・五公分

金廷標，生卒年不詳，浙江吳興人。乾隆間供奉於內廷。本幅畫後漢班昭援筆授書故事。

案「後漢書」載：「班昭，彪女，一名姬，字惠姬。適曹世叔，世叔亡，和帝召入宮，令皇后

橫九〇・一公分

貴人師事之，號曹大家。」

本幅畫曹大家案前執筆，二女攜幼兒旁觀。閣內牡丹、水仙、閣外白梅、天竺相互爭艷。人物秀緻，敷色雅麗。衣之袖襬皺摺以遒勁多轉折，且粗細相錯之線條描畫，似記載中之「折蘆描」。

款：臣金廷標恭繪。鈐印一：廷標。

本幅收傳印記：乾隆御覽之寶。乾隆鑑賞。乾隆御覽之寶。三希堂精鑑璽。宜子孫。石渠寶笈。寶笈三編。嘉慶鑑賞。宣統御覽之寶。

三二　清　張廷彥　青女素娥

軸　紙本設色畫

縱一九四・七公分

橫六三・四公分

張廷彥（西元一七三五至一七九四年），江蘇揚州人。一作庭彥。乾隆朝供奉內廷。工人物。

圖繪桂樹雙株，幹橫花滿枝。二仕女併立其間，一手執紈扇，一懷抱白兔。容貌詳和，敷色雅澹，衣摺紋路簡明有力。裙襬衣帶飄曳，似薰風輕拂，全局氣氛柔和安逸。

青女，乃天神、青霄玉女，主霜雪。按「淮南子」天文：「至秋三月，青女乃出，以降霜雪。」素娥，即指嫦娥，因月色白，故亦以素稱之。

款：臣張廷彥恭寫。鈐印一：張廷彥。

本幅收傳印記：寶蘊樓書畫續錄。

三三　無款　仕女

冊　絹本設色畫

圖繪二女子，皆作堆髻襦裙裝扮。坐著的女子身穿綠色窄袖上衣，手拈針線，綺繡床，

縱二五・一公分
橫二二・三公分

側面前視；立著的女子著紅色上衣，執巾伸臂，上身微傾，斜視左方。二人體態嫻雅，饒富古意。對幅明末畫家葛徵奇題跋以為近于唐代女畫家周昉的風格。

本幅為「唐宋名蹟」冊第四幅。

無款印。

本幅收傳印記：吳氏邦從之印。

三四　無款　仕女

冊　絹本設色畫
縱三三・六公分
橫三三・六公分

本幅未著作者名款，畫呈圓式，背景殆以石青填實，中繪仕女三人圍坐於鈎金紅氈之上，一舉纖指作繡，餘二人分執紈扇靜觀。人物面部之額、鼻、顎以胡粉暈染，分外突顯，是為「三白法」，衫裙上之圖紋則精謹鈎勒，間或描金，色澤極其富麗。舊標為宋人，然審其五官及結體，實與明季陳洪綬晚年清圓細勁的作風相彷彿。

此幀選自「宋元集繪」冊第十開。

無款印及收傳印記。

List of Color Plates

figures of the women in Chou Fang's (fl. 780–804) *Ladies Playing Double Sixes,* where the artist has made no secret of his mastery of brushwork and color. In the Sung dynasty (960–1279), the eleventh-century critic Kuo Juo-hsü in his *Account of My Experiences in the Realm of Painting* (*T'u-hua chien-wen chih*) echoes this interest in visual beauty in paintings of women when he states "A woman should have about her an air of enchanting loveliness." And in the *Catalogue of Paintings in the Hsüan-ho Collection* (*Hsüan-ho hua-p'u*), the record of the imperial collections of the Sung emperor Hui-tsung (r. 1101–1126), women were not merely referred to as women but were "beauties" (*mei-jen*). The famous artists of the Sung who limned paintings of women—Wang Shen (b. 1036), Li Kung-lin (1049–1106), Li Sung (fl. ca. 1190–ca. 1230), Mou I (b. 1178), and Liu Sung-nien (fl. 1170s–1190s)—spared no measure of artistic expense in creating renditions of womanly grace and demure, understated elegance. Each master approached his subject differently, and while some employed a colored palette, others depended solely on monochrome ink to produce works of delicate allure that reflected contemporary ideals of female beauty.

Yüan (1279–1368) and Ming (1368–1644) artists in their paintings of women inherited the brush techniques of their T'ang and Sung predecessors, an inheritance that became augmented by the literati tastes of their own time. This artistic infusion saw the development of novel types of subject matter and stylistic form. Outstanding among Yüan paintings is *Ladies Enjoying the Cool Air,* which portrays the T'ang imperial consort Yang Kuei-fei fresh from her bath; the artist has captured her as she hesitates for an instant and sends a suggestive glance back over her shoulder. The great Ming dynasty painter T'ang Yin (1470–1523) in his *Lady Pan's Round Fan* has depicted another imperial concubine, the Han emperor's once-loved favorite, Lady Pan, who likened her fall from favor to the fate of a summer fan that is stored away at the first hint of autumn. T'ang Yin has imbued her solitary figure with all the painterly nuances of frustrated melancholia. Ch'iu Ying in his aforementioned *Spring Dawn* has chosen a somewhat similar theme, depicting not a lone female but a bevy of brilliantly attired court women whose numbers easily fill the entire handscroll. Another noted Ming artist, Ch'en Hung-shou (1599–1652), developed his figure paintings in novel if not startling directions, producing exaggerated, somewhat distorted shapes tinged with deliberate archaism, and drew his paintings of women into a realm of highly subjective artistic expression. For example, in his album leaf *Blue-silk Fragrance* he is thought to have portrayed his concubine, Hu Ching-man, yet the woman's improbably sloping shoulders, thin, elongated figure, and liquid, flowing robes reveal that the portrait is more idiosyncratic than realistic. Ch'en's unique style considerably influenced later Ch'ing dynasty (1644–1911) artists.

The women portrayed by the Ch'ing painters Yü Chih-ting (1647–1709), Chiao Ping-chen (fl. 1689–1726), Leng Mei (fl. 1703–1717), and Chin T'ing-piao (fl. 1760) are endowed with such traditional Chinese features of female beauty as narrow shoulders, "willow" waists, and "cherry" lips, but they also reveal the influence of Western painting techniques. Masters such as these, ever more innovative in terms of both artistic concepts and methods, contributed greatly to the renovative spirit of late Ch'ing and early Republican (1912–present) art as it developed in response to both Chinese and foreign traditions.

Glimpses into the Hidden Quarters brings into one gallery selected works from the museum's collections that span the seventeen-hundred-year period from the Eastern Chin dynasty (317–420) to Ch'ing dynasty. Photographic color enlargements supplement the originals, which represent many of the major artistic trends in paintings of women that have appeared over the past two millennia.

Glimpses into the Hidden Quarters: Paintings of Women from the Middle Kingdom

Women have been the subject of figure paintings in Chinese art since remote antiquity, as both written records and archeological finds testify. One of the earliest of these finds, a silk burial coverlet dating to the Warring States period (403–222 B.C.) that was recovered from the Ch'u tombs in what is now Ch'ang-sha, Hunan, is painted with a simple yet fluid line drawing of a dragon and phoenix hovering over the standing figure of a woman. Also from the Warring States era is the portrait of the wife of the painter Ching Chün of the state of Ch'i, a lost painting that is now known only by an entry in the *Explications* (*Shuo yüan*) compiled by Liu Hsiang (77–6 B.C.). Ching Chün painted the portrait from memory while he was away from home on a long-term project in the service of the king of Ch'i. It proved to be his undoing, however, for the image of his wife so impressed the king that he "acquired" her from the hapless artist at the cost of a million cash.

Records from the Western Han dynasty (206–8 B.C.) relate the story of a portrait that became the focus of another, later, tragedy: the portrait of the imperial consort Wang Chao-chün limned by the court painter Mao Yen-shou. Since the emperor depended upon such portraits to choose from the many women of his harem, the ladies bribed the artists to create lovelier-than-life resemblances — all the ladies, however, except the beautiful Chao-chün. Mao's portrait of her was correspondingly unflattering and she was neglected by her sovereign. When a northern Hsiung-nu chieftain requested to wed a beauty from the Han harem, the emperor was only too glad to call forth Chao-chün, who to his dismay in real life was not as she appeared in the painting. The tale of the beauty thus "condemned" to live out her life among the northern tribes was remembered for over a thousand years and became the subject of Ch'iu Ying's (ca. 1494–1552) handscroll *Spring Dawn in the Palace of Han,* where Chao-chün is shown sitting for her portrait. The portraits by both Ching-chün and Mao Yen-shou illustrate that by very early times painters had progressed from producing naive line drawings to creating images that bodied forth both the subject's outer form and inner spirit.

The expression "paintings of women" (*shih-nü hua*) came into use only in the late T'ang dynasty (618–907), when it appeared in the *Record of Famous Painting of the T'ang Dynasty* (*T'ang-ch'ao ming-hua lu*) compiled by the ninth-century scholar Chu Ching-hsüan. Before that time the women depicted in paintings were referred to in books of art history and criticism by such elegant terms as "mesdames" (*fu-jen*), "silken damozels" (*ch'i-lo*), "ladies-in-waiting" (*p'in-ch'iang*), and so on. These and similar expressions can be found in the *Classification of Painting* (*Ku-hua p'in-lu*) by the sixth-century artist Hsieh Ho, the *Continuation of the Classification of Painting* (*Hsü hua-p'in*) by the scholar Yao Tsui (535–602), and in the *Record of Painting Throughout the Ages* (*Li-tai ming-hua chi*) by the critic Chang Yen-yüan (ca. 815–ca. 875). Recorded in these texts are paintings whose titles suggest that they exclusively portrayed empresses, imperial consorts, and women from the households of high officials. Such paintings were not meant for mere aesthetic enjoyment: they were not considered to have achieved the epitome of artistic excellence unless the painted image conveyed the subject's personal character and integrity.

By the end of the T'ang, however, some artists departed from moral concerns and entered instead the realm of purely aesthetic beauty, as is illustrated by the full, graceful

仕女畫之美

中華民國七十七年四月初版
中華民國八十五年二月再版二刷
中華民國新聞局登記證局版臺業字第二六二一號

發行人　秦　孝　儀
編輯者　國立故宮博物院編輯委員會
執行編輯：劉　芳　如
翻　譯：司　馬　黛　蘭
出版者　國立故宮博物院
中華民國臺北市士林區外雙溪
電話：（〇二）八八一二〇二一
電傳：（〇二）八八二一四四〇
劃撥帳戶：〇〇一二八七四—一號
印刷者　裕台公司中華印刷廠
臺北縣新店市寶強路六號
電話：（〇二）九一一〇二一一～六